Écrit par Marie-Pierre Klut
Illustré par Luc Favreau

Conseil pédagogique :
Équipe du bureau de l'Association Générale
des Instituteurs et Institutrices des Écoles
et Classes Maternelles Publiques.

Conseil éditorial :
Erik Gonthier,
Muséum d'Histoire Naturelle.

ISBN : 2-07-039775-0

Dépôt légal : Avril 1989. Numéro d'édition : 45679
Imprimé à la Editoriale Libraria en Italie.

GALLIMARD JEUNESSE

Sophie D.

D'où viennent les pierres ?

DECOUVERTE BENJAMIN

Lorsque tu te promènes dans la ville ou à la campagne, **as-tu remarqué qu'il y a des pierres partout ?**
Ta maison est faite de pierres, comme le trottoir sur lequel tu marches.
Sur les chemins, tu peux ramasser des cailloux de toutes les formes et de toutes les couleurs.

Peut-être les collectionnes-tu ?
Cette pyramide qui se trouve en Égypte est faite d'énormes blocs de pierre. Elle a été construite il y a des milliers d'années.
Les constructions de pierre protègent de la chaleur et du froid, de la pluie et du vent.

Sur les pierres, tu peux voir des empreintes de plantes ou d'animaux qui ont existé bien avant les hommes.

Qu'est-ce qu'une pierre ?

C'est un morceau de matière dure et solide. On dit : dur comme la pierre ! Les pierres, ou roches, sont formées de plusieurs minéraux, chaque minéral ayant sa composition chimique propre. Roches et minéraux ne sont pas des matières vivantes ; mais ils peuvent se transformer.

Falaises abruptes qui tombent droit dans la mer, volcans aux formes douces et usées, dunes de sable des déserts ou pics montagneux aux pointes acérées... les pierres donnent une apparence à chaque paysage. Sous l'action des mouvements de la terre ou simplement du vent, du froid, de la chaleur, elles se déforment, s'usent, se fendent, se cassent... et les paysages changent.

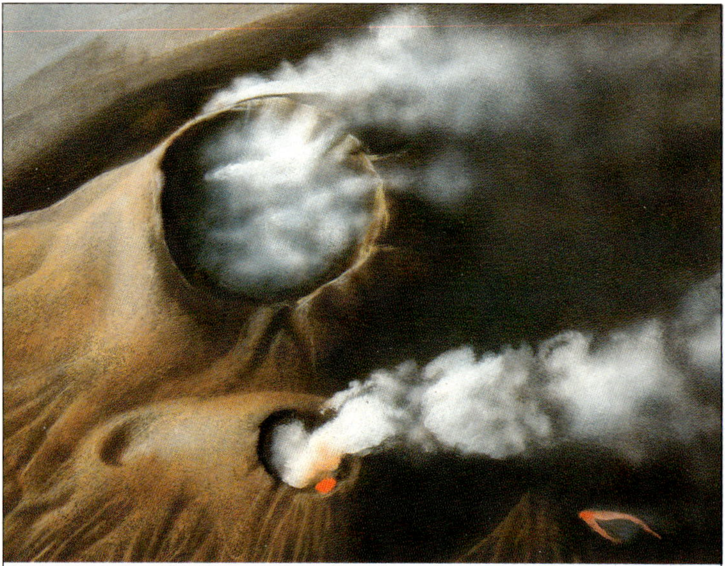

Ce volcan fume. Il est en activité. Des éruptions de lave sortent de son cratère.

A l'air, la lave refroidit et se solidifie en formant des roches aux formes les plus variées.

Des roches volcaniques : obsidienne, basalte, basalte vacuolaire.

Des roches jaillies des volcans

Au cœur de la Terre, la température est extrême, au point que les matières fondues qui s'y trouvent sont liquides. Elles forment le magma. Parfois, le magma jaillit et coule en laves à la surface de la Terre, là où se trouvent les volcans.

Blocs de basalte de la Chaussée des Géants, en Irlande.

◄ **Dans le Grand Canyon du Colorado, aux États-Unis, les couches successives des roches ont été dégagées par l'érosion.**

D'autres roches se sont formées lentement, grâce aux accumulations successives de débris d'autres roches, de coquilles, de squelettes d'animaux... **Ce sont les roches sédimentaires.** Le calcaire en est une. Les débris de coraux, d'algues et de mollusques s'amassent au fond de l'eau et assurent sa formation.

Des mollusques, comme ce nautile, meurent et tombent au fond de l'eau. Leur coquille est recouverte de sédiments...

Dans certaines cascades d'eau, les tufs enveloppent d'une couche de calcaire les végétaux morts tombés dans les vasques. Le grès présente en général des couches colorées très nettes. Il est formé de grains de sable.

...Des milliers d'années plus tard, leurs coquilles sont encore visibles dans les roches sédimentaires.

Comment se forment ces étonnantes colonnes ?

L’eau de pluie, en s’infiltrant dans le sol, dissout les roches calcaires et forme des canalisations naturelles d’eau : les grottes.
Goutte à goutte, l’eau s’écoule et dépose lentement des sels minéraux : en s’empilant, ils font croître de quelques millimètres par an des figures minérales aux variations multiples.
Celles qui pendent du plafond sont les stalactites.

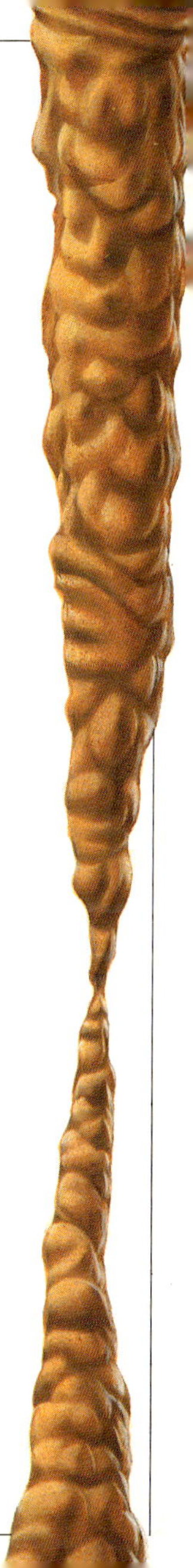

Stalactites et stalagmites se rejoignent parfois pour former de véritables colonnes.

Les stalagmites se forment au sol, à l’endroit même où tombent les gouttes d’eau.
Les reliefs sur les stalactites et les stalagmites indiquent les dépôts successifs de la calcite.

D'épaisses couches de feuilles et de tiges jonchèrent les marais il y a trente millions d'années.

Dans la tourbe, on voit des restes de racines, de graines. On l'utilise comme combustible.

Le lignite, c'est la tourbe comprimée. Il se casse très facilement.

Voici enfin le charbon, qui se forme lorsque le lignite est bien pressé. Quand tu le touches, il te noircit les doigts.

Dernier stade : l'anthracite. C'est la meilleure qualité de charbon. Il brûle en donnant beaucoup de chaleur.

Comment s'est formé le charbon ?

Le charbon est un combustible : il brûle en donnant beaucoup de chaleur.
Il y a des millions d'années, des plantes sont tombées sur le sol humide et se sont décomposées. Puis elles ont été comprimées lentement, l'eau a été expulsée et cela a formé une masse noire : le charbon.

L'homme extrait le charbon depuis le Moyen Âge. Il existe des mines à ciel ouvert, mais la plupart des couches sont profondément enfouies sous la terre. Le charbon est utilisé pour le chauffage, et c'est une source d'énergie pour l'industrie.

Au XIXe siècle, beaucoup d'enfants travaillaient au fond des mines dans de terribles conditions.

Il existe des marbres de toutes les couleurs.

Quand les montagnes sont apparues, elles ont soulevé des roches en les plissant, les pressant et les transformant chimiquement à de très hautes températures.

Une carrière de marbre.

Les toits d'ardoise résistent aux vents violents.

Ces roches sont les roches métamorphiques.
Le marbre est une roche sédimentaire qui a été transformée et qui a durci. Il est très recherché pour décorer palais et maisons ou pour tailler des statues. En as-tu déjà vu ? Il a une matière magnifique qui se polit très bien. Les plus grands sculpteurs ont travaillé le marbre.
Tu as déjà écrit sur une ardoise !
L'ardoise est une roche qui a été très fortement pressée. Elle se fend en fines lamelles, et pour cette raison elle est utilisée en plaques pour recouvrir les toitures.

Au bord de la mer, au fond des rivières naissent les galets.

Ce sont des fragments de pierres que le va-et-vient des vagues, ou le courant de l'eau usent et polissent jusqu'à les rendre ronds et lisses.
Avec le temps, les galets diminuent et deviennent graviers, puis grains de sable, de plus en plus fins.

Rongées à leur base par les vagues, les falaises de craie s'écroulent. Les pierres, une fois usées, formeront les galets.

**En montagne, les glaciers usent aussi les roches.
Dans les déserts, les différences de température entre le jour et la nuit font éclater les roches.**

Beaucoup de pierres doivent être extraites du sol pour être exploitées industriellement. Il faut creuser des mines parfois très profondes à l'aide de techniques très diverses.

Cratère d'une mine de diamants exploitée à ciel ouvert

Des hommes fouillent le sol rouge pour dégager la roche porteuse de diamants.

Les pierres précieuses de Ceylan sont récoltées dans l'eau au moyen de racloirs en forme de râteaux.

Cet échafaudage de bambous, en Inde, indique la recherche de pierres précieuses.

En Afrique, des mineurs disloquent les roches pour extraire des pierres précieuses.

Sans les minéraux, pas de roches !

La plupart des minéraux sont formés de cristaux. Groupés ou associés, ils constituent les roches. Les minéraux prennent des apparences étonnantes.

Pyrite

Fluorine

Sel gemme

Leur beauté vient de l'éclat, de la couleur et de la disposition de leurs cristaux.

Les cristaux du béryl ont des prismes allongés de plusieurs couleurs. Certains atteignent huit mètres de long.

Cristaux en forme d'aiguilles très fines

Cristaux en forme de grappes de raisin

L'amiante est faite de cristaux souples et allongés, qui ressemblent à des fils.

Chaque cristal possède une structure parfaitement ordonnée d'atomes. Chaque cristal est un volume solide à plusieurs faces.

Une même espèce minérale, comme le quartz, peut avoir plusieurs aspects.

Cristal de roche : cristal natif de quartz

Quartzite : quartz enchevêtré

Obsidienne : quartz à l'état amorphe

La densité et la dureté différencient les minéraux.

La dureté est représentée par une échelle de 1 à 10 qui permet de connaître les cristaux faciles à rayer par rapport à ceux qui le sont très difficilement. Du plus tendre au plus dur :

1 Talc

2 Gypse

3 Calcite

4 Fluorite

5 Apatite

6 Orthose

7 Quartz

8 Topaze

9 Corindon

10 Diamant

Seul le diamant n'est rayable que par lui-même.

Diamants bruts. Les diamants roses sont les plus rares.

Il existe quatre pierres précieuses : le diamant, l'émeraude, le rubis et le saphir. Elles sont toutes très rares et très belles.

Les diamants ont toutes les couleurs !

Pour rehausser l'éclat des pierres précieuses, on les taille pour leur donner des feux. En bougeant une pierre taillée, on la fait scintiller.

Rubis

Saphir

Émeraude

Admirons aussi des pierres fines :
plus elles sont transparentes et pures, plus on leur accorde de la valeur.

Zircon

Tourmaline

Grenat

Topaze

Améthyste

Les pierres pures et transparentes ont un éclat vif et brillant. Les pierres translucides ont un aspect plus doux.

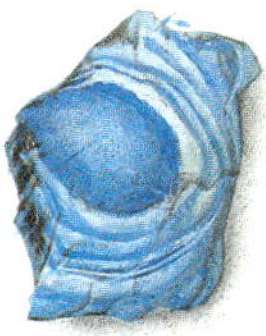
Agate

Chrysoprase

Amazonite

Ambre

Les pierres opaques ont des nuances de couleurs qui forment parfois des dessins variés.

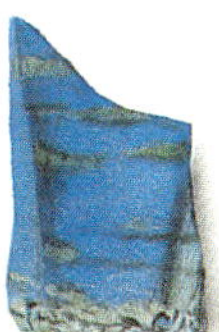
Lapis-lazuli

Turquoise

Malachite

Jais

Pourquoi les pierres sont-elles colorées ?

Certaines couleurs font partie intégrante du minéral. D'autres sont provoquées par des éléments du sol qui les imprègnent, tels le fer ou le cuivre, et qui donnent alors une teinte à la pierre.

Les premières peintures des hommes préhistoriques ont été exécutées avec un mélange d'argile brune et verte, de craie et de charbon de bois.

Les Indiens aimaient se peindre le visage avec des couleurs différentes selon les circonstances : guerre, chasse...

La malachite donne un vert éclatant.

Le réalgar donne un bel orangé.

L'orpiment peut donner une gamme de jaunes et imiter l'or !

Le lapis-lazuli donne un bleu outremer.

L'hématite offre une palette allant du rouge au brun.

La Grande Muraille de Chine s'étend sur 2400 km. C'est la plus formidable des constructions humaines. Ses matériaux varient selon les régions traversées.

Des pierres pour nos maisons et pour nos routes

D'une région à l'autre, les matériaux changent! Les hommes ont choisi ceux qui se trouvaient à proximité et qui résistaient le mieux au temps. Calcaire, granite et grès sont les plus utilisés.

Le Taj Mahal, en Inde, est entièrement construit en marbre.

On peut, par l'action du feu ou de l'eau, utiliser certaines matières extraites des pierres pour réaliser des briques, des tuiles ou du béton.

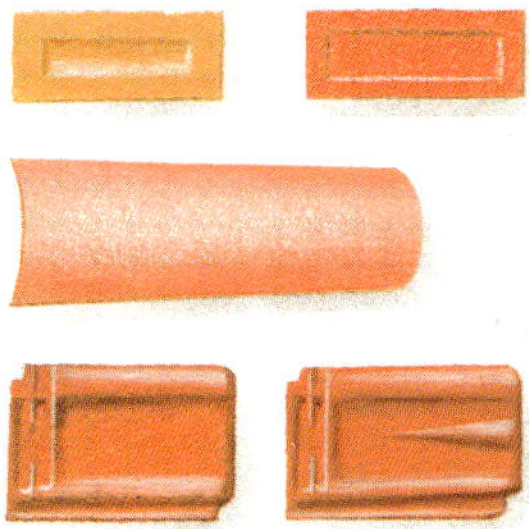

Différentes qualités d'argiles donnent différentes couleurs de briques et de tuiles.

L'argile détrempée est une roche qui se moule facilement. Cuite, elle devient brique.
Le béton est le plus important des matériaux de construction actuels. Son principal composant est le ciment, obtenu en chauffant et en concassant un calcaire particulier.

Pour fabriquer le béton, il faut du ciment, du sable, du gravier et de l'eau.

Des pierres venues d'ailleurs

Issues d'autres planètes que la nôtre, venues de l'espace, quelque part dans l'univers, des pierres plus ou moins grosses pénètrent dans notre atmosphère : ce sont les météores ou étoiles filantes. Celles qui heurtent la surface de la Terre sont les météorites. Elles sont freinées dans leur chute par l'air et leur surface fond. Parfois d'énormes météorites frappent la Terre, avec une force spectaculaire. Elles creusent d'immenses cratères.

Le plus grand cratère a été creusé par une météorite d'un kilomètre de diamètre. Ça n'arrive que tous les dix mille ans !

Tu utilises chaque jour des minéraux! A l'école, tu te sers de craie. La craie est faite de débris fossiles de tout petits animaux.

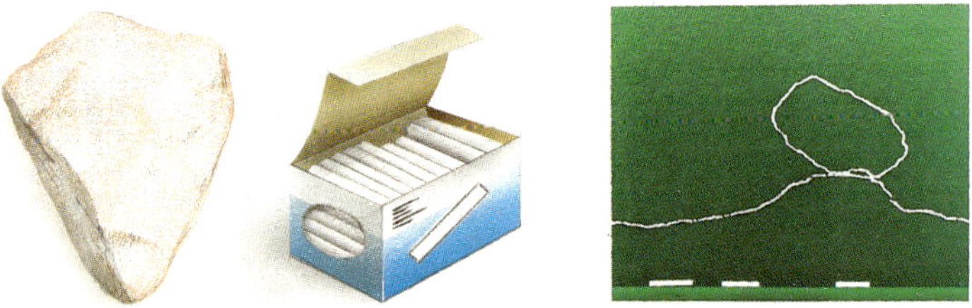

Craie à l'état naturel. Elle est réduite en poudre puis moulée en forme de bâton pour devenir la craie que tu connais.

Quelle est cette poudre blanche et si douce que l'on met sur le derrière des bébés ? Du talc. C'est le plus tendre des minéraux.

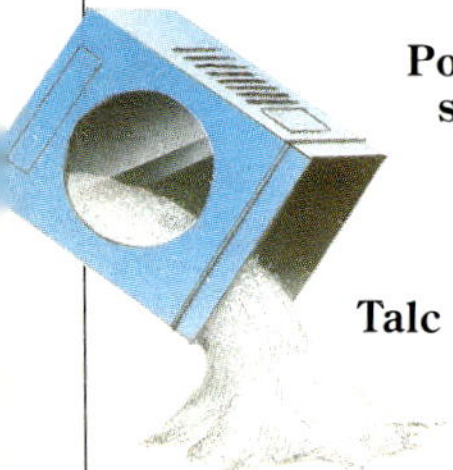

Talc

Pour ôter les taches d'encre sur tes doigts, rien de tel que la pierre ponce, une roche volcanique.

Pour affûter couteaux et haches, on emploie une pierre à aiguiser.

Le sel est indispensable pour nous comme pour les animaux. Le fermier met un bloc de sel que les vaches lèchent.

La pierre d'aigle est une pierre creuse qui contient une autre pierre : agitée, elle fait un bruit de grelot. Portée, elle aurait des vertus protectrices.

Certains croient aux vertus mystérieuses des pierres !

Le cristal de roche est une pierre magique pour les aborigènes de l'Australie : ils croient que la voûte du ciel en est faite.

Pierre, obscure compagnie
Sois bonne enfin, sois docile
Ce n'est pas si difficile
De devenir mon amie...

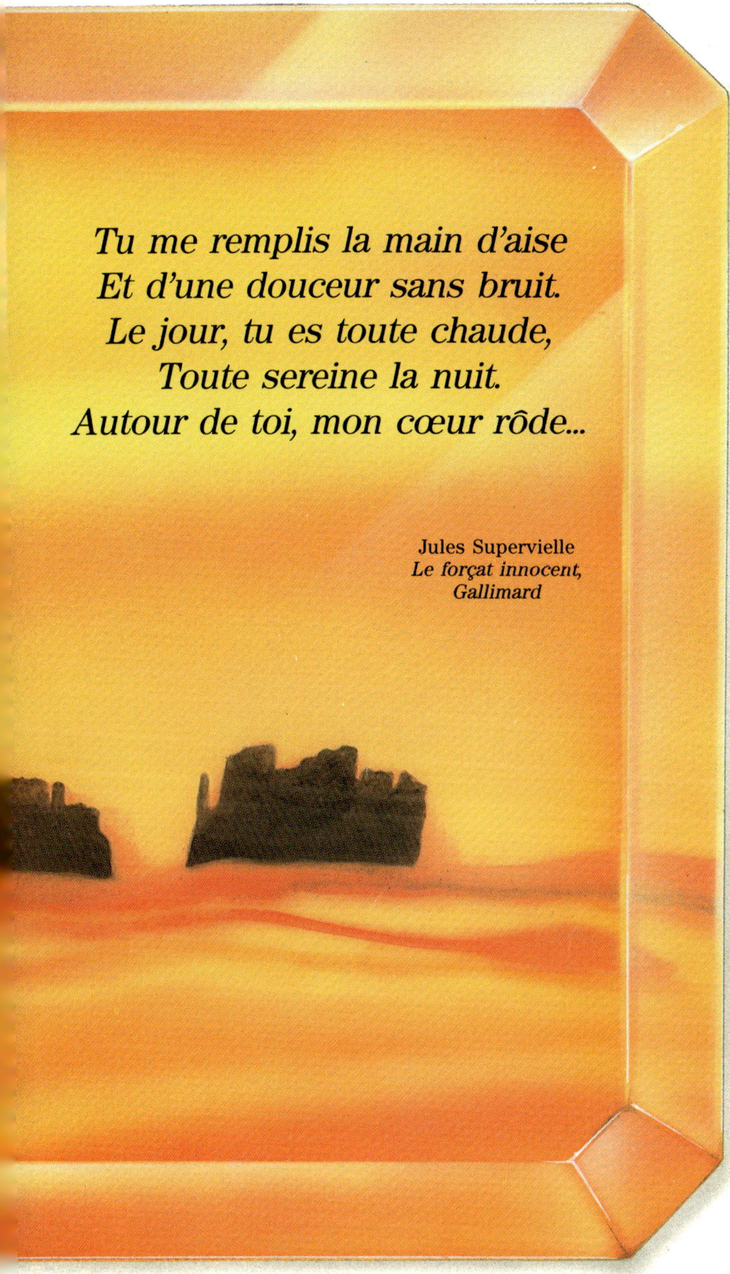

Tu me remplis la main d'aise
Et d'une douceur sans bruit.
Le jour, tu es toute chaude,
Toute sereine la nuit.
Autour de toi, mon cœur rôde...

Jules Supervielle
Le forçat innocent,
Gallimard